Conni wenda dibe

Conni geht verloren

Çîrok Geschichte
Liane Schneider

Wêne Bilder
Annette Steinhauer

Werger Übersetzung
Abdullah Incekan

Ma çi bûye îro? Fanêleyê berê yê ku Conniyê herî pir jê hez dikir, niha binçengên wê dişidîne. Û sînebendên şalê wê jî nagihêjin hev. Gelo kincên wê kişiyane ser hev? Yan jî Conni mezin bûye? Bavê wê dibêje: "Em dikarin niha bejna te li derî bigrin." Lewra dema bavê Conniyê cara herî dawîn bejna wê pîvabû, xêzeke sor î piçûk li rex derî kişandibû.

Was ist nur heute los? Connis alter Lieblingspulli kneift unter den Armen. Und bei der Latzhose gehen die Träger nicht mehr zu. Sind die Sachen geschrumpft? Oder ist Conni gewachsen? „Wir können gleich an der Tür nachgucken", sagt Papa. Denn dort haben sie einen kleinen roten Strich gemacht, als Papa Conni das letzte Mal gemessen hat.

Conni xwe dide ber derî. Bavê wê dibêje: "Xwe nede ser tiliyan." Jixwe Conniyê xwe qet nedaye ser tiliyan. Bi rastî jî ew ji cara dawîn hetanî niha hinekî mezin bûye. Ne ecêb e ku kincên wê lê neyên. Derhal pêdiviya Conniyê bi cilûbergên nû heye.

Conni stellt sich an den Türrahmen. „Nicht auf Zehenspitzen", sagt Papa. Aber Conni steht gar nicht auf den Zehenspitzen! Sie ist tatsächlich seit dem letzten Mal ein ganzes Stück größer geworden. Kein Wunder, dass nichts mehr passt. Conni braucht dringend neue Anziehsachen.

Hema roja din dayê dixwaze bi Conniyê re biçe tiştan bikire. Pîrika Marianne li ber Yaqûb dimîne, da ku dayê û Conni bi rihetî bikaribin biçin bajêr. Conni şa dibe ku dayê hema ji bo carekê be jî bi wê tenê re ye.

Gleich am nächsten Tag will Mama mit Conni einkaufen gehen. Oma Marianne passt auf Jakob auf, damit Mama und Conni in die Stadt fahren können. Conni freut sich, dass sie Mama einmal ganz für sich allein hat.

Pîrika Marianne çenteyekî piçûk ê milan tevî hinek pere dide Conniyê, lewra êdî ewqas zêde mezin bûye. Dîsa jî gava pîrê wê bi rê dike, jê re dibêje: "Û ji dêya xwe neqete ha! Yan na tu yê wenda bibî."

Oma Marianne schenkt Conni eine kleine Handtasche und zwei Euro, weil sie jetzt ja schon so groß ist. Trotzdem sagt Oma beim Abschied zu Conni: „Und bleib immer schön bei Mama. Sonst gehst du noch verloren!"

Conni û dayê bi tramvayê diçin bajêr. Conni bi meraq li derdorê mêze dike. Errrik! Evqas geremol û evqas xaniyên bilind! Dayê bi destê Conniyê digre. Pêşî ew diçin dikaneke solan. Dayê dixwaze bizanibe ka gelo lingên Conniyê jî mezin bûne yan na.

Conni und Mama fahren mit der Bahn in die Stadt. Conni sieht sich staunend um. So ein Gedränge! So viele große Häuser! Mama nimmt Conni an die Hand. Zuerst gehen sie in einen Schuhladen. Mama will wissen, ob Connis Füße auch größer geworden sind.

Die Verkäuferin misst mit einem Gerät, wie lang und breit Connis Füße sind. Und wirklich – die sind auch gewachsen. Conni braucht neue Schuhe. Mama und die Verkäuferin nehmen ein Paar nach dem anderen aus dem Regal. Conni muss alle anprobieren. Aber die roten Schuhe mag Conni nicht. Und die rosa-weißen drücken an den Zehen.

Solfiroş bi aletekê dirêjî û ferahiya nigên Conniyê dipîve. Bi rastî jî mezin bûne. Pêdiviya Conniyê bi solên nû heye. Dayê û solfiroş cotekê li pey cotekê solan ji refikan dadixînin. Divê Conni tevan biceribîne. Lê solên sor li xweşa Conniyê naçin. Û ewên pembe-sipî tiliyên wê dişidînin.

Dema Conni bi cotek solên nû ji bo ceribandinê diçe û tê, ji nişka ve li aliyê din ê refikê coteke solên sporê yên sor dibîne. Ew wan dixwaze!
Bi tena serê xwe wan diceribîne û di mixazeyê de virde wirde xwe hildiavêje.
Ev solên nû pirr xweşik in; lê gelo îcar dayê kanê?
Conni di nava refikan de lê digere û gazî wê dike.

Als Conni mit ein paar neuen Schuhen herumgehen soll, sieht sie auf der anderen Seite des Regals plötzlich rote Turnschuhe. Die will sie haben! Sie probiert sie ganz alleine an und hüpft kreuz und quer durch den Laden. Die neuen Schuhe sind prima.

Aber wo ist jetzt Mama? Conni sucht in den Gängen und ruft nach ihr.

Baş bû ku dikan ewqas ne mezin e û Conni dayê zû dibîne. Dayê jê re îzah dike ka divê ew çi bikin, dema ku ew careke din di dikanekê de hevdu wenda bikin. Divê Conni biçe ber kaseyekê û ji firoşkarekê re vê yekê bibêje. Mîkrofoneke wan heye û dikarin pê di tevayiya dikanê de gazî dayê bikin. Û dayê jî solên sporê yên sor pir diecibîne. Ew heqê solên nû didin û Conni êdî dikare wan di lingên xwe de bihêle.

Zum Glück ist der Laden nicht so groß, und Conni findet Mama schnell wieder. Mama erklärt ihr, was sie tun soll, wenn sie sich noch einmal im Laden verlieren. Conni soll dann zu einer Kasse gehen und eine Verkäuferin ansprechen. Die haben ein Mikrofon und können im ganzen Laden nach Mama rufen. Aber die roten Turnschuhe gefallen Mama auch gut. Sie bezahlen die neuen Schuhe, und Conni darf sie gleich anbehalten.

KASSE

Dûre ew diçin firoşxaneyeke mezin. Li wir mirov, kîsik û çenteyên giran hildigrin û mîna mêşhingivan diçin û tên. Bi merdîwana otomatîk Conni û dayê derdikevin qatê çaran. Merdîwana otomatîk li xweşa Conniyê diçe! Meriv ne mejbûr e gavên xwe biavêje û xwe bi xwe derdikeve jorê. Li jorê pêlik ji nişka ve piçûk dibin û peyre jî wenda dibin. Conni dixwaze rind lê binihêre, lê dayê dixwaze biçe.

Als Nächstes gehen sie in ein großes Kaufhaus. Dort wimmelt es von Menschen, die schwere Tüten und Taschen tragen. Mit der Rolltreppe fahren Conni und Mama in den 4. Stock. Conni liebt Rolltreppen! Man muss gar keine Stufen steigen und fährt von ganz allein nach oben. Oben werden die Stufen plötzlich ganz klein und verschwinden. Conni will sich das genauer ansehen, aber Mama will lieber weiter.

Li beşa zarokan dayê sê şalên ku Conni li xwe biceribîne, dibîne. Di rêya kabîneyên cilguhertinê de ew fanêleyekî xweşik û bi xet jî dibînin. Di kabîneyê de Conni kincan ji xwe dike û li xwe dike. Ew qet nikare biryarê li ser yekê bide. Dawiya dawîn şalê bi sînebend diecibîne. Û yê kot jî. Şalê sisêyan zêde dirêj e, lêbelê fanêleyê bi xet pir lê tê.

In der Kinderabteilung findet Mama drei Hosen, die Conni anprobieren soll. Auf dem Weg zu den Umkleidekabinen entdecken sie auch noch einen schönen Ringelpulli. In der Kabine zieht Conni sich aus und an. Sie kann sich gar nicht entscheiden. Die Latzhose will sie auf jeden Fall. Die Jeans auch. Die dritte Hose ist zu lang, aber dafür passt der Ringelpulli prima.

Di taliyê de ew herdu şalan û fanêle digrin.
Û divê Conni ji nişka ve biçe tuwaletê. Lêbelê dayê dixwaze pêşî pereyê tiştên nû bide.
Ew li ber kaseyê dikevin dorê. Conni serê carê çakêtê dayê kaş dike. Ecela Conniyê heye.

Schließlich nehmen sie die beiden Hosen und den Pulli. Und jetzt muss Conni mal. Aber Mama will erst die neuen Sachen bezahlen. Sie stellen sich an der Kasse an. Conni zupft Mama immer wieder an der Jacke. Es ist dringend!

Dawiya dawîn bi merdîwana otomatîk ew xwe berdidin qatê dudiyan. Tuwalet li wir in. Îcar li wir jî doreke dirêj heye; digel ku tuwaletên li vir ji yên bexçeyê zarokan zêdetir in jî. Êdî Conni îdare nake. Ew naxwaze bi şalê xwe de bike. Şansê wê hebû, şukir ku jineke baş dora xwe dide wê. Dayê derî dide ber û li ber disekine da ku Conni wî asê neke û di paş de nemîne.

Endlich fahren sie mit der Rolltreppe hinunter in den 2. Stock. Dort sind die Toiletten. Aber auch da ist wieder eine Warteschlange! Und das, obwohl es dort sogar noch mehr Toiletten gibt als im Kindergarten. Jetzt ist es wirklich dringend. Conni will nicht in die Hose machen. Zum Glück lässt eine nette Frau sie vor. Mama wartet vor der angelehnten Kabinentür, damit Conni nicht abschließen muss.

Paşê, dîsa ew diçin beşa zarokan. Ma ne ji Conniyê re tîşort jî lazim in. Dayê bi destekî xwe li ser maseyekê li hin tiştan mêze dike; di destê din de jî tûrik hene. Ji Conniyê re destekî wê yê vala nemaye. Lê tişt nabe. Conni çav li sincoka gilover dikeve. Meriv dikare wê wek karusselê bizivirîne. Li xweşa meriv diçe. Lê ji nişka ve ew ferq dike ku çenteyê wê tune. Tevî pereyan!

Danach fahren sie wieder in die Kinder-abteilung. Conni braucht ja noch T-Shirts. Mama kramt mit einer Hand auf einem Tisch. In der anderen Hand hat sie die Tüten. Für Conni hat sie keine Hand mehr frei. Aber das macht nichts. Conni entdeckt die runden Ständer. Man kann die Ständer drehen wie ein Karussell. Das macht Spaß. Doch plötzlich merkt sie, dass ihre Tasche weg ist. Mit dem Geld!

Miheqeq ew hê di kabîneya cilguhertinê de ye. Conni bi lez û bez dizivire wir. Di kîjanê de bû gelo? Ha, erê, a herî dawiyê. Çi şanseke baş. Çentikê piçûk û pere hê jî li wir in. Conni radihêje çentik û dixwaze bizivire cem dayê. Lê îcar dayê li kuderê ye?

Die liegt bestimmt noch in der Umkleidekabine. Conni rennt schnell dorthin zurück. In welcher war sie bloß? Ach ja, ganz hinten. So ein Glück! Die kleine Handtasche und das Geld sind noch da. Conni nimmt die Tasche und will zurück zu Mama. Aber wo ist Mama?

Conni digere û digere. Ew maseyeke tijî tîşort û dayîkên din dibîne; lê ew dayê nabîne. Gelo dibe ku dayê xwestibe ji bo Yaqûb tiştna bikirre? Conni li tiştên pitikan digere û bi carekê xwe li ciyê pêlîstokan dibîne. Lê dayê li wir jî tune.

Conni sucht und sucht. Sie findet einen Tisch mit T-Shirts und sie findet andere Mütter. Aber Mama findet sie nicht. Vielleicht wollte Mama etwas für Jakob kaufen? Conni sucht die Babysachen und ist auf einmal in der Spielzeugabteilung. Aber da ist Mama auch nicht.

Niha tişta ku dayê gotibû, tê bîra wê: "Biçe cem kaseyekê."
Lêbelê li vir kase li kuderê ye? Çavên Conniyê tijî hêstir dibin.
Ku careke din dayê qet nebîne, wê çawa bibe? Qey ewê hertim li vir bimîne?
Conni li bavo, Yaqûb, pisîka Mau û li odeya xwe difikire.
Îcar ew bi rastî digrî. Gelo dayê jî digrî?

Jetzt fällt ihr ein, was Mama gesagt hat: „Geh zu einer Kasse!" Nur, wo ist hier eine Kasse? Connis Augen werden ganz nass. Was ist, wenn sie Mama nie mehr wiederfindet? Muss sie dann für immer hierbleiben? Conni denkt an Papa und Jakob und Kater Mau und an ihr Zimmer. Sie weint jetzt richtig. Ob Mama auch weint?

Ji nişka ve dengê anonsekê tê: "Dêya Conniya piçûk li ber kaseya li kêleka merdîwana otomotîk li hêviyê sekiniye."

Plötzlich kommt eine Durchsage:
„Die kleine Conni wird von ihrer Mama an der Kasse bei den Rolltreppen erwartet."

Conni, hê dizane ku merdîwana otomatîk li kuderê ye. Ew bi lez diçe wir. Wa kaseyek li wir e. Û dayê jî li wir e! Conni pirr kêfxweş e. Ew xwe diavêje hemêza dayê û wê rind dişidîne. Dayê jî Conniyê rind dişidîne. Ew pirr kêfxweş e ku Conni dîsa li cem e. Ew naxwaze qet pê re hêrs jî bibe.

Wo die Rolltreppen sind, weiß Conni noch. Sie läuft schnell hin. Da ist eine Kasse! Und dort ist Mama! Conni ist ja so froh. Sie läuft in Mamas Arme und drückt sie ganz fest. Mama drückt Conni auch ganz fest. Sie ist so froh, dass Conni wieder da ist. Sie mag nicht einmal schimpfen.

Piştî vê tirs û bizdanê herdu jî têra xwe birçî bûn. Ew diçin aşxaneyekê û pîza û seletê dixwazin. Conni behsa çenteyê wendabûyî dike. Dayê îcar piçekî pê re hêrs dibe, ji ber ku Conni bêyî xeber ji cem çûbû. Dayê gelek meraq kiribû. Divê Conni sozê bide ku careke din wê agahdar bike.
Conni sozê dide. Piştî ew xwarinê dixwin, tiştek tê bîra Conniyê:
Ew dixwaze ji bo Yaqûb diyariyekê bikire. Dayê qebûl dike, lêbelê ew naxwaze îro cardin biçe wê supermarketê.

Nach dem Schrecken haben beide tüchtig Hunger. Sie gehen in ein Restaurant und bestellen Pizza und Salat. Conni erzählt von der verlorenen Tasche. Mama schimpft jetzt doch ein bisschen, weil Conni einfach weggelaufen ist. Mama hat sich große Sorgen gemacht. Conni muss versprechen, dass sie das nächste Mal Bescheid sagt. Das verspricht Conni. Als sie mit dem Essen fertig sind, hat Conni eine Idee: Sie will ein Geschenk für Jakob kaufen. Mama ist einverstanden, nur in das große Kaufhaus will sie heute lieber nicht mehr.

Ew diçin dikaneke piçûk a tiştên zarokan. Conni ji bo Yaqûb werdekeke piçûk ya zer ku deng derdixe, dikirre. Ew heqê wê bi pereyê dapîrê dide.
Bi serbilindî di destekî xwe de tûrikê diyariyê digre.
Lêbelê bi destê din jî hişka bi destê dayê digre.

Sie gehen in einen kleinen Laden für Kindersachen. Conni kauft für Jakob ein gelbes Quietsche-Entchen. Sie bezahlt es selbst mit dem Geld von Oma. Stolz trägt sie die Tüte mit ihrem Geschenk in der einen Hand. Aber mit der anderen hält sie vorsichtshalber ganz fest Mamas Hand.